첫사랑

/첫사랑/

초판인쇄 | 2024년 8월 24일
저자 | 현영길 **펴낸이** | 김영태 **펴낸 곳** | 도서출판 한비CO
출판등록 | 2007년 1월 16일 제 25100-2006-1호
주소 | 41967 대구시 중구 남산2동 938-8번지 미래빌딩 3층 301호
전화 | 053)252-0155 **팩스** | 053)252-0156
홈페이지 | http://hanbimh.co.kr **이메일** | kyt4038@hanmail.net

ISBN 979-11-6487-140-7 04810
       978-89-93214-1407(세트)

값 10,000원

*잘못된 책은 교환해 드립니다.
*저자와의 협의로 인지는 생략합니다.

첫사랑

현영길

시인의 인사글

　첫사랑! 누군가를 좋아했던 생각만 해도 심장 두근대는 사랑 보이지 않는 사랑을 어찌 사랑했냐고 누군가가 물으신다면, 그분의 사랑 글로 표현하기가 정말 어렵습니다. 임은 언제나 우리네! 마음속 임하시는 분이시기 때문입니다. 나의 첫사랑 사랑해 주셨던 그 사랑이 바로 예수그리스도입니다. 영원한 죄에서 죽을 수밖에 없던 이 사람에게 다가와 주신 그분의 사랑 목 매워 울던 나의 첫사랑이 바로 그분이십니다. 보고 싶어 늦은 밤 찾아가던 교회의 언덕길 멀리서 들려오던 옛 교회 종탑 소리 나의 심장은 뛰었고 그분의 크신 사랑에 달려가던 그 길 나의 마음 아직도 속삭입니다.
 나뭇잎 피기까지 많은 계절 속에 인내 결실 온다고 하지요. 이 사람 그분의 기다림 속에 찾아온 행운의 첫사랑을 받은 사람이라면, 바로 여러분도 그분이 찾고 계시는 귀한 자녀이기 때문입니다. 시인이 되기 위해서 달려온 길은 아니었지만, 그분의 사랑 그리다 보니 어느새 난, 그분의 시를 쓴 시인이 되어 있었습니다. 사실 저는 참으로 무지한 사람입니다. 나 같은 부족한 사람이 시 쓴다는 것이 어찌 그분의 은혜가 아니라고 말할 수 있을까요. 펜을 들고 한 줄 한 줄 쓰는 시의 글이 거창하다고 말할 수 없지만, 누군가에게 그분의 사랑이 전달되어 임께서 나의 마음 감동을 주시던 그분의 사랑을 표현하고자 펜을 들게 되었습니다.
 아직은 성숙하지 못한 걸음단계이지만 좀 더 그분의 은혜로 성숙한 시인으로 거듭나기 위하여 언제나 겸손한 마음 변치 않는 시인으로 거듭나길 소망합니다. 그분은 나의 아버지로 때로는 나의 벗으로 찾아주시는 사랑 전하고 싶어 시를 씁니다. 특별히, 첫사랑 시를 사랑해 주시는 모든 독자 여러분께 임의 사랑이 전달되길 소망합니다. 그리고, 항상 늘 도움을 주신 월간한비문학 회장님과 솔내교회 담임목사님께 감사의 글을 올립니다. 또한, 늘 기도로 양육해 주신 부모님 그리고, 사랑하는 누님 목사님과 전도사님, 권사님께 주님 안에서 감사드립니다.

　지금까지 함께 30년이란 세월 속에 같이 해준 세상에서 가장 사랑하는 아내와 두 자녀에게 이 시를 드립니다. 또한, 나의 첫사랑이신 그분께 이 시를 올려 드립니다. 감사합니다.

님에게

차 한 잔의 따뜻한 향기의 계절
그대가 달려온 삶의 여정 속 작은
소망의 뜻 담아 이 시집을
드립니다.

목/차

1부
그대 가는 길

첫사랑 ·· 16
무릎 ·· 17
기다림과 그리움 ································ 18
그해 겨울 ··· 19
나를 훔쳐 가세요 ······························ 20
마음 길(心道) ···································· 21
꽃바람 ·· 22
그게 사랑이란다. ······························ 23
천년을 살자고 ···································· 24
가을의 꿈 ··· 25
휘날리는 ··· 26
종소리 ·· 27
그리움이 낙엽으로 ···························· 28
친구 ·· 29
어떤 약속 ··· 30
새하얀 꽃송이 ···································· 30
안개가 삼킨 세상 ······························ 33
새벽길 ·· 33
기다려 주세요 ···································· 34
겨울 사랑 ··· 35

2부
마음 적시는 빗소리

조용히 눈을 감고 ················· 38
기쁨 연가(戀歌) ················· 39
삶의 이야기 ····················· 40
차 한 잔의 여유 ················· 41
매화(梅花) ······················ 41
잠자는 영혼 ····················· 43
마음 울타리 ····················· 44
유리창엔 비 ····················· 45
땀방울 ·························· 46
꽃은 왜 아름다운가 ·············· 47
목련화 ·························· 48
벚꽃이 핀 거리 ·················· 49
사랑이 바다 ····················· 50
심장 ···························· 51
넋 ······························ 52
나도 산이고 싶다 ················ 53
차향에 그리움 실어 ·············· 54
훌쩍 커 버린 너 ················· 55
겨울, 향기 ······················ 56
커피 한잔 ······················· 57

3부
여전히 기다리는

부부는 보물이다 ······································· 60
봄이 꽃길을 열면 ······································ 61
서리꽃 ·· 62
묘비명(墓碑銘) ··· 63
봄바람이 불어옵니다 ································· 64
악취 ··· 65
아름다운 나무여 ······································· 66
바보가 되어 ··· 67
마음은 비 ·· 68
몰랐습니다 ··· 69
비가 오는 날엔 ·· 70
임은 언제 오시려나 ·································· 71
음악에 깃든 사연 ····································· 72
사랑비 ··· 73
누구나 한 번쯤 ·· 74
지우지 못하는 ·· 75
하얀 그리움 ··· 76
꽃잎 바람에 날리어 ·································· 77
세월의 강 ·· 78
내 마음 ··· 79

4부
바람의 향기가 되어

듣는 마음 ················ 82
심장 ···················· 83
마른 꽃잎 ················ 84
이별할 수 없는 사랑 ········ 85
밀알 ···················· 86
십자가 ·················· 87
탕자 ···················· 88
사랑비 ·················· 89
꿈을 먹는 시인 ············ 90
못다 한 말 ··············· 91
남자의 길 ················ 92
하늘 빗물 ················ 93
빈 가슴 ·················· 94
비와 커피 ················ 95
비행 ···················· 96
천둥 눈물 ················ 97
창가 빗방울 ·············· 98
억측(臆測) ··············· 99
메마른 가슴 ·············· 100
괜찮아요 ················ 101

5부
영원히 시들지 않는

허공 찬미 ···································· 104
소낙비 아침 ································ 105
우산 ·· 106
비 그친 날 ·································· 107
하늘 새야, 하늘 새야 ················ 108
님의 볼에 사랑이 꽃핀다 ·········· 109
추억 만드는 하루 ······················ 110
네 맘 알아 ·································· 111
코스모스 ···································· 112
꽃이 피었습니다 ························ 113
가을의 기도 ································ 114
들꽃에 맺혀있는 아침이슬처럼 ···· 115
나에게 날개가 있다면 ·············· 116
지우개 ·· 117
소식을 전하고 싶다 ·················· 118
한 줄에 가을을 ·························· 119
사명(使命) ································ 120
눈물 자국 ·································· 121
가을 한 잎 ·································· 122
욕심을 잘 통제하며 살아야 ······ 123

6부
함께 살아온 긴 여정

그대의 가을은 왔건만 ·················· 126
비가 내리는 날엔 ···················· 127
커피와 가을 ······················· 128
밤새 비 내리고 ····················· 129
마음의 보석 같은 곳 ·················· 130
그대 이젠 비처럼 울지 말아요 ············ 131
노을 진 서쪽 하늘 ··················· 132
빗방울 ··························· 133
책갈피 속에 숨은 그리움 ················ 134
임이여 ··························· 135
감춰진 보석 ······················· 136
안개등 ··························· 137
아버지의 뒷모습 ···················· 138
서녘 노을 ························ 139
값진 인생 ························ 140
꽃향기 ··························· 141
새해에는 ·························· 142
사랑과 이별 ······················· 143
널 기억해 ························ 144
이 또한 기쁘지 않은가 ················· 145

1부
그대 가는 길

봄바람
타고 휘날린 너
진달래 봄 향기 반해
높은 날아가는 너

첫사랑

임 첫사랑 영원히
잊지 못할 첫사랑 세상
짐 지시고 가신 길 목멥니다.
고난, 슬픈 부활, 기쁨 교차하는
사랑 열매 이 죄인 감사
무릎 꿇습니다.

무릎

사랑 잃을 때 무릎 꿇게 하소서.
사랑 깨닫지 못할 때 무릎 꿇게 하소서.
마음 아프게 할 때 무릎 꿇게 하소서.
주신 은혜 무릎 꿇게 하소서. 나의
이름 높아질 때 무릎 꿇게 하소서.
임 사랑 늘 바라보게 하소서.

기다림과 그리움

아시지요.
기다리다 지쳐 눈물 앞 흐르는 이유 무엇
때문인가요. 임 뜻대로 산다고 하면서
때때로 욕망 눈 어두워 넘어지는 날
임이여 용서하소서. 임 앞에 서는 날 기억하소서.
이 세상 다원주의 물들어 가는 모습 보이시나요.
당신 기다림. 알 수 없어 그리움 눈물 젖어
당신으로 인해 무릎 꿇습니다.
임 언제 오시나요.

그해 겨울

흰 눈속임 발자국
함께 걸어온 임 발자국
삶의 여정 속 발자국
모두 한결같구나!

나를 훔쳐 가세요

내 안 임의 사랑
보혈 흘린 은혜 훔쳐 가세요.
참, 진리를 위한 사랑
훔쳐 가세요.

마음 길(心道)

마음속 길
소망 길, 절망 길
그대 가는 길 어떤 길인가?
절망 길인가? 소망 길인가?
그 길 바로 자신 선택해야
할 길 아는가?

꽃바람

꽃, 바람 불면
나비 여행 떠나고
바람 찾아 사방 떠나면
꽃씨 심고 사뿐 떠나는
넌, 누구인가?

그게 사랑이란다.

눈물 적실 때
마음 슬퍼지고
마음 웃음 짓 때
이내 마음 춤춘다.
그대 사랑 길목 다리
되어주고 싶어라!

천년을 살자고

천년 살아도 임
알지 못하면 무익하고
천년 살아도 그분 동행 삶
없다면 무슨 유익 있겠는가?
단, 하루 살아도 그분
동행 행복이라네!

가을의 꿈

낙엽 아름다운 풍경
그대 향한 소복 싸인 향기
사 푼이 그대 향해 속삭임
바람 취한 날개!

휘날리는

봄바람
타고 휘날린 너
진달래 봄 향기 반해
높은 날아가는 너
희망 담아 말없이 날갯짓
휘날리는 태극기 사랑

종소리

새벽 종소리
종탑 위 들려오는 너
새벽종 영혼 깨우는 너
생명 종소리 그대 들리는가!
잠자던 영혼 저 사랑 종소리
그대 들리는가?
사랑 종소리 들리는가!
임 앞 마음 조아려
무릎 꿇는 새벽종
눈물 종소리

그리움이 낙엽으로

낙엽 쌓이면 추억 보이고
그리움 쌓이면 발자국 생각나며
사랑 쌓이면 임
사랑 꽃피네!

친구

언제나 변함없이 벗
허물 이해해 주는 벗
늘 동행하는 벗

어떤 약속

임 약속
잠잠한 바다 항해한 임
제자 손 내밀던 그 손
그대 그분 약속 기억하는가?
세상 향한 기다림 임 향해
그분 약속 변함없는데
우리네! 마음 너무 쉽게
잊고 있구나!

새하얀 꽃송이

임 가로등 잠자는 밤
고요한 벤치 흰 눈 내리면
세상 온통 눈 이불 삼아 청하고
기다리는 버스 얼어붙은 길바닥
이곳저곳 신발 자국만 멈춰 있구나!
기다리던 차 안 마음 쉼 찾아
새하얀 꽃송이 취해본다.

안개가 삼킨 세상

높은 봉우리 삼키고
아름다운 꽃 삼키니
도시 온통 하얀 물든 아침
우리네! 영혼 임 때문에
빛나네!

새벽길

새벽길 울림 빗물
어떤 무늬 색깔일까?
단풍잎 색깔인가?
은행잎 색깔인가?
하트 모양일까?
떨어지는 너!

기다려 주세요

바다 깊이보다 넓은
임 사랑 그대 아는가?
얼마나 더 기다려 주어야
임 사랑 깨닫게 되겠는가?
저 파란 깊이 더 넓은 하늘
천성 기다리고 계신 임 사랑
마음 노크 들리지 아니한가?
그대 파도치지 아니한가?
임 사랑 들리지 아니한가!

겨울 사랑

온 세상 흰 눈
깨끗한 세상 거리
숨 쉬는 눈!

2부
마음 적시는 빗소리

누구에게는 아픈 추억 꽃
누구에게는 슬픔 추억 꽃
누구에게는 기쁨 꽃 핀다

조용히 눈을 감고

눈 감고 하루 여정
인파 속 일과 준비
당신 사랑 봅니다.
많은 사람 활기찬 걸음
음악 맞춰 세상 향해
나아갑니다.

기쁨 연가(戀歌)

심장 춤추고
눈물 감격 춤추는 날
임 뵈는 날 아니겠는가?
세상 근심 걱정 내려놓고 내 임
뵙는 날 기다리는 신부들이여
어찌 얼굴 사색 무엇 나타내는가?
혹시 그대 앞 고난의 길 있다고 해도
기뻐하시길 바랍니다. 그대 기다리시는
임 계신다는 기쁨 연가(戀歌) 기다리고
있지 아니한가?

삶의 이야기

꽃향기 핀다.
아름다운 삶 향기
세월 무성함 속 뿌리 이야기꽃
누구에게는 아픈 추억 꽃
누구에게는 슬픔 추억 꽃
누구에게는 기쁨 꽃 핀다.
걸어온 나날 속 피고 진 꽃
꽃향기 마음 시원케 하는데
향기 죽은 꽃 마음 근심 자욱하구나!
삶 이야기 속 향기 노크해 본다.

차 한 잔의 여유

가슴 창문 한 잔 향기 날아가듯
멀리 사라지는 향 눈 보이다 사라지네요.
창가 가로수 비췬 봄 향기 가득 싣고 달리면
어느새 눈 한번 깜박 사이 낙엽 되어 떨어지고
잠시 눈 한번 깜박 사이 하얀 손님 찾아와
날 반기는구나!

매화(梅花)

봄 길 찾아오는 너
붉은 옷 갈아입고 찾아온 길
미소 함박웃음 짓는구나!
그 길 바람 따라 찾아왔는가?
널 다시 만나니 기쁘구나!

잠자는 영혼

육 잠든 꿈나라
목마른 잠자는 영혼
어서 눈 뜨세요.

마음 울타리

울타리 꽃
예쁜 돌담길 꽃
울퉁불퉁한 길옆 꽃
난, 어떤 꽃 피었는가?

유리창엔 비

봄비 젖은 유리창 눈물
누굴 위해 저렇게 우는가?
빗물 강물 되듯 임 사랑 어찌 다
이 죄인 헤아릴 수 있을까요.

땀방울

임 땀방울
세상 무게 지신 십자가
땀방울 고이네!

꽃은 왜 아름다운가

봄 기다리는 봉오리
거친 세월 이겨내고
새롭게 단정한 꽃향기
새로운 옷 이날
기다렸다네!

목련화

흰 목련화 피는 꽃
목련화 떨어지는 것
목련화 말 없구나!

벚꽃이 핀 거리

숨 쉬는 꽃
거름 되어 다시 핀 꽃
그대 보고 있는 꽃
숨 쉬는 꽃인가?

사랑이 바다

사랑 물결 빠져드는 바람
높고 높은 시선 낮은 자리 노크
사랑 물결 바다보다 깊은 마음
이 땅 오신 아기 예수그리스도
잠자는 영혼 사랑 바다로
깨우러 오신 그분 은혜
사랑 물결 어찌 헤아릴 수 있는가?
누군가 바다 젖어 울고 있는 영혼
다가오는 그분 사랑 바다를 본다.
어찌 감사하지 아니한가?

심장

심장 뛰는 것
당신 신부 심장이며
기다리는 신부 기억하소서.

넋

뱃사공 바다
향해 날갯짓하면
먼 요단강 향해 가는 길
언젠간 가야 할 곳
나의 본향

나도 산이고 싶다

꼬불꼬불 인생길
오를수록 높게 보이는 저 산
내려오는 순탄한 길!

차향에 그리움 실어

찻잔 속 향기 날아가고
차 향기 사방 진동하면
누군가 마음 다가가는 너
추억 찻잔 속 그리움 녹아
나만의 추억 향기 머무는구나!
먼 옛 추억 그리움 노크하니
마음 향기 임 향하는구나!

훌쩍 커 버린 너

훌쩍이는 너
어린아이 눈물인가?
세월 소리인가?
마음 적시는 빗소리인가?
그대 눈물 흘리던 세월인가?
샘물 되어 이내 흐르던 눈물
고요한 밤 훌쩍이는 소리
영혼 눈물인가?

겨울, 향기

새해 밝았습니다.
한잔 입김 불면 따뜻한 향기
온도 차이 다르지만, 새해 향한 온기
새벽 향해 달려간 예배당 발걸음
찻잔 온기보다 따뜻한 임 사랑
하늘 향한 기도 임 향한 소원
떠오르는 해돋이 힘찬 함성
겨울, 찻잔 스치는 임 향기.

커피 한잔

커피 향
갈급함. 담은 향기
어디 숨어있는가?

3부
여전히 기다리는

겨울 추위 잘 견디던 너
밤 흐르고, 아침 찾아오니
너의 모습 왜! 움츠리는가?

부부는 보물이다

소중한 임
사랑하는 아내
임 맺어준 보물 아니겠는가?
그대 남편 당신 보물이고
그대 아내 당신 보물이라네!
부부 인연 그분 섭리 아니겠는가?
임 은혜 맺어진 부부 아니겠는가?
그대 보물 아프면 모든 것 얻던 들
슬프지, 아니하겠는가?
보물 지금 어디 있는가?

봄이 꽃길을 열면

봄 목련화
새싹 눈 반짝이면
가벼운 발걸음!

서리꽃

서리꽃
예쁜 엉긴 무늬 너
겨울에 피는 잠시 비친 너
서리꽃 향기 나지 않지만
외부 온도 차 사라지는 너
사랑 온도 차 어디쯤 왔는가?

묘비명(墓碑銘)

임 주신 사명
어디쯤 달여왔는가?
임 부르심 앞 달려온 신부
임 오심 알리는 나팔 소리
듣는 귀가 열려있는가?
우렁찬 나팔 발소리
그대 들리는가?
소돔, 고모라보다 더 죄악
울려 퍼지는 진동 들리는가?
어디쯤 왔는가?
임의 눈물!

봄바람이 불어옵니다

꽃 봄바람
은은한 봄 향연(饗宴)
코로나 아픔!

악취

내 몸
악취 당신 크신
사랑 잃었기 때문입니다.
내 몸
향기 당신 사랑
받았기 때문입니다.

아름다운 나무여

봄꽃 향기 옷
여름 푸른 잎사귀 옷
가을 예쁜 무늬 옷
겨울 아름다운 눈옷

바보가 되어

임 바라보는 바보
하루 수없이 임 바라봅니다.
세상 사람 날 바보라 합니다.
임 기다리는 어린아이처럼
저 구름 두둥실 갈 길 찾아 떠날 때
난, 여전히 기다리는 바보입니다.
어느 날 뵙는 순간 눈물이
강물 되어 기다렸습니다.
난, 오늘도 바라보는 바보

마음은 비

천둥 울리면
빗물 마음 울리고
지붕 위 빗물 마당 고이니
작은 관 따라 개울 흘러가고
길가 떨어진 빗물 모여들면
큰 관 다시 모여 흐르고
떨어진 물 강물 되어 흐르면
마음 단비 적시는구나!

몰랐습니다

눈물 씨앗
말라버린 가슴 눈물
심령(心靈)의 눈물!

비가 오는 날엔

비 오는 날엔
그대 걸어온 발자취 사라져도
그대 향한 마음 변함없기 때문입니다.
촉촉이 내리는 빗방울 소리 잠시 우산 가린
하늘 우러러보면 빗물 가려 보이지 않아도
내 임이 계신 그곳 당신 그려 봅니다.
언젠간 만날 기약하며 작은 미소
그대에게 올려보냅니다.

임은 언제 오시려나

태양 열기
새 아침 알리듯
저녁노을!

음악에 깃든 사연

양 울고 있구나!
목자 보이지 않고 홀로 울고 있구나!
참, 목회자 찾기가 쉽지 않은 시대
살아가고 있는 그대 아는가?
양 목자 잘 만나야 함 아는지요.
양들 배가 고파 울고 있는데 목자
웃고 있구나! 참, 목자인가?

사랑비

마음속 빗물
당신 전화벨 소리
너무 아프다.

누구나 한 번쯤

한 번쯤 실수하며 살아가는가?
남 허물 왜! 이토록 크게 보이나
자신 허물 왜! 이렇게 작게 보일까?
세상 살아가는 나그네! 길
뒤돌아 걸어온 길 찾아봅니다.
꼬불꼬불 한 골목길 돌아보니
남 실수 보다 나의 실수 보이는가?
올바른 길이라고 생각했는데
왜! 이토록 꼬불꼬불한가?

지우지 못하는

지우개
지울 수 있는 너
사랑 지울 수 없다네!

하얀 그리움

함박눈
기다렸던 너
어여쁜 눈사람 탄생
겨울 추위 잘 견디던 너
밤 흐르고, 아침 찾아오니
너의 모습 왜! 움츠리는가?
태양 얼굴 미소 띠는데
넌 어찌 강물 되어
흐르는가?

꽃잎 바람에 날리어

어디로 가는가?
누굴 찾아 떠난 씨앗인가?
꽃잎 홀로 날리네!

세월의 강

흰 눈 덮인 강
눈 보이지 않아도 흐르는구나!
강물 지금도 흐르는데,
마음 어찌 멈춰있는가?
흰 백발 발걸음 인생 강
숨 막히는 전쟁터 삶
그대 살아오지 않았는가?
그대 걸어온 인생길
흐르고 있는가?

내 마음

갈매기 하늘
바다 물결 우드 크니
한결같은 사랑 마음
바다 같구나!

4부
바람의 향기가 되어

지친 발걸음 걸을 수 없는 삶 터전
발길 꿈 향해 가는데, 빗물 철렁하는
소리 빈 가슴속 울리는 임의 음성

듣는 마음

눈 있어도 보지 못하고
귀 있어도 듣지 못하며
코 있어도 호흡 못 하면
무엇 듣고 있는가?
눈 있어도 들을 수 있고
귀 있어도 볼 수 있고
코 있어도 호흡한다면
그대 지금 듣고 있는
그것 무엇인가?

심장

내 심장 뛰는 것 사랑이며
내 심장 뛰는 것 사랑하기 때문이고
내 심장 뛰는 날까지 그분 때문에
당신 사랑하게 하소서.

마른 꽃잎

마른 꽃잎 봄 기다리고
아무도 보지 않는 긴 여정 기다리면
비바람 눈 이겨내고 기다림 속
봄소식 꽃잎 떨어지고 나면
난, 거름 새싹 보는구나!

이별할 수 없는 사랑

반짝 별
캄캄한 밤 침묵
방긋 해님!

밀알

내가 죽어 한 주먹 흙 된다면
이 땅 작은 밀알 되고 싶습니다.
이 땅 작은 씨앗 영혼 그 복음
씨앗 열매 맺혀 드리고 싶습니다.
언제나 당신 거름 될 수만 있다면
땅끝까지 바람의 향기가 되어
복음 씨앗 일군 되길 소망합니다.
나의 힘, 욕심 아닌, 당신
일군 남고 싶습니다.

십자가

비 창가 십자가 빗물
우드선 종탑 빗물 젓이면
마음 눈물 고이네!

탕자

임 마음 빗물
임 마음 왜 타내
몸 추워 떨고 있는데,
임 마음 왜 타내
우산 쓰고 있는데!
임 마음 적시네!
임 눈물 기도 하는데,
어찌 임 마음 외면하나
그대 너무 사랑하기에 임
오늘도 왜! 타게 돌아오길
기다리는 탕아

사랑비

창가 눈물
천성 흐르는 눈물
복음 사랑

꿈을 먹는 시인

바다 속 고요함
움츠리는 마음속
헤엄치는 꿈 파노라마
물고기 수염 치는 날갯짓
어딜 향해 올라가는가?
누군가 쳐 놓은 망 헤쳐가려는
그곳에서 헤어나지 못하는 허무함
공허하면 속에서도 꿈꾸는 시인가?
꿈 펼치는 시인인가?

못다 한 말

눈 발자국 출근길
우산 친구 삼아 걸었던 출근
늘 가족 생계를 위해 떠나시던 그 길
밤하늘별 등불 삼아 걸어오시던 길
오직 한 길 향해 달려오시는 당신
소천하시기 전 아버지 그립구나!
살아생전 사랑한다는 말 한마디 드리지
못한 이 불효자식 지난날 눈 녹아
거닐던 그 길 강물 되었구나!

남자의 길

밤길 발걸음
달님. 휘청하던 길
당신 발걸음

하늘 빗물

마음 깊은 빗물
하늘 예쁜 눈망울 눈물
마음속 약속 어찌 잊을 수 있나?
임 하늘 빗물 사랑하는 마음
빗물 되어 흐르네!
난, 그대 사랑합니다.
임과 함께 떠난 신혼여행
비행기 날개처럼 훨훨 날아오르고
큰 포부 꿈 노랫소리 꿈 되었던가?
그대와 함께 더 높이 날고 싶습니다.
부족한 사람과 늘 함께해 준
임에게 오늘도 감사 빗물
되어 흐릅니다

빈 가슴

돌담길 넘다 보면 어느덧
빗물 하염없이 내리는데
이내 가슴 돌담은 한숨만 나오는구나!
위 쳐다보면 빗물 말 하고
떨어지는 돌담 소리 귀 기울여본다.
지친 발걸음 걸을 수 없는 삶 터전
발길 꿈 향해 가는데, 빗물 철렁하는
소리 빈 가슴속 울리는 임의 음성
다시 한 번 한 걸음 한 걸음 걷다 보면
어느새 벗 되어 우산 속 울린다.
그대 음성으로 들리는구나

비와 커피

마주 보는 커피 잔
모습 닮았는데, 마실 수 없는 잔
그분 향기에 취해 잠시 머무는 나
그분 날 알아보는데, 난, 그분 사랑
잊고 살아왔습니다. 비와 커피 조화
그분 사랑 앞 마음 조아립니다.
빗물 내리듯 영혼 단비
그분 때문에 커피 향 되어
임에게 올라가네

비행

하늘 오르는 종이비행기
더 높이 오르기 위해 날갯짓한다.
잠시, 후 땅으로 내려온다.
잠시 후 하늘 향해 날갯짓한다.
우리네! 인생 삶 오르다 보면
어느 날 내려오는 일 있다.
사실 모르는 사람 있는가?
그러나, 우린 가끔 잊고
살아간다. 다시 오를 수 있는
기회, 용기 잃지 마세요.
지금 비행 준비하기 위한
시작임을 잊지 마세요.

천둥 눈물

천둥 어디서 오는가?
하늘 눈물 마음 울린다.
임의 은혜 없이는 한 발짝도
나아갈 수 없는 연약한 이 죄인
한량없는 사랑 주셔서 이 가슴
눈물 흐릅니다. 창문 어려진
빗방울 울림 어느덧 마음속
깊이 파고 눈물 씨앗 됩니다.
씨앗 떨어져 수많은 사람
마음 꽃 되어 당신 주신
사랑 전파 되게 하소서.

창가 빗방울

창문 울고 있다.
무엇 그리 서러워 울고 있는가?
창문 비친 얼굴 울고 있다.
창문 말 없는데, 울고 있다.
마음도 울고 있다.
빗방울 눈물 멈춰야
창문 멈출까?

억측(臆測)

울부짖는 십자가?
임 세상 품었는데,
임에게 찾아온 십자가 핏물
육. 영혼 고쳐 주었는데,
임에게 찾아온 원망, 눈물
그러나, 그분 가신 그 길 결코
끝 아님, 아는가? 임의 십자가
세상 살리는 십자가였음을
그대 아는가?

메마른 가슴

뒷동산 꼭대기 흐르는 빗방울
이내 마음 메말라 단비 기다리는 성령
저기 메아리치는 가슴 벅찬 울부짖음
산천도 울려 퍼지는 빗방울 울림
우렁찬 번개 사랑 메시지
가던 길 멈추게 하는 사랑
당신 기다리는 수많은 신부
세계 신부 기억하여 주소서.
세상 자고 있는데,
그대 영혼 깨어있는가?
성령 단비 기다리는
신부 무릎 꿇습니다.

괜찮아요

세상 파도 찾아와도 난, 괜찮아요.
나의 모든 것 사라진다 해도 난, 괜찮아요.
삶 돈, 명예 없다 해도 난, 괜찮아요.
벗 그분 늘 동행해 주시니 난, 괜찮아요.
영혼 부르신다 해도 난, 괜찮아요.
나의 아버지 뵈러 가니 무엇 더
필요할까요. 난, 괜찮아요.

5부
영원히 시들지 않는

아내 함께 걸어온 추억
그 수많은 다리 걸으며 넘치는
기쁨 슬픔 우린 웃고 울었다

허공 찬미

천장 넘어 흰 구름
바라보면 어느새 멀리 떠나버린 너
허공 속 번개처럼 잠시 후 나타나
또, 다른 번개 구름 넌, 그렇게 떠나는가?
저기 허공 향해 드리는 기도 메아리 되어
사라지면, 또다시 찾아오는 눈물 기도
메아리 허공 향해 울려 퍼져나가는데,
임 다 듣고 계셨다네! 힘들고 어려운
역경 속 울려 퍼지는 당신 눈물
결코 허공 끝나지 않음
그대 아는가?

소낙비 아침

소낙비 내리는 아침
메마른 심령 찾아 떠나네!
지쳐 있는 영혼 울부짖는 너
성령 단비 생수 같구나!
영원히 목마르지 않은 눈물
성령 단비 찾아 떠나는
아침! 그대 깨어있는가?
자고 있는가?

우산

빗물 과하면 해가 되고
부족하면 피해 보는구나!
때때로 기다리는 곳 가뭄 있고
넘친 곳 피해 있는 이유 아는가?
우산 비 오면 빗물 막아주고
햇빛 내리면 양산 역할 하는데
우산 속 나의 모습 어떠한가?
영혼 빗물 내림 있는가?
영혼 가뭄 힘들어하는가?
임의 은혜 없이 메마른
영혼 회복 길 없음
그대 아는가?

비 그친 날

빗물 우산 벗 삼아 출근길
많은 자동차 버스 샤워해 주는 너
우산 없어 안타까워하는 시민 역
오후 회사 퇴근길 햇빛 널 찾는다.
어디 숨어있는지 찾을 수 없구나!
그대 문 두드리는 그분
빗물 보았는가?

하늘 새야, 하늘 새야

창공 헤엄치는 새야
날갯짓 아름답구나!
하늘 벗 삼아 높이 날아오르는
모습 더욱 아름답다.
우리네! 인생 날갯짓 삶
살아오면서, 때론 높이 오른다.
내려온 삶 어느덧 젊은 사라지고
흰 백발 지팡이 벗 되었구나!
그래도 살아온 여정 임의
은혜 고백합니다.

님의 볼에 사랑이 꽃 핀다

임 볼 꽃 핀다.
여기저기 모여드는 임 향한
축복 통로 교회 종소리 마음
울림 주일날 향해 오는 발걸음
자녀 모습 보시는 임 얼굴
웃음꽃 임 날 맞아준다.
저 높은 창공 낮아진 이 땅
때론 삶 찾아와 마음 노크
임 사랑 꽃 그려본다.

추억 만드는 하루

아내 함께 걸어온 추억
그 수많은 다리 걸으며 넘치는
기쁨 슬픔 우린 웃고 울었다.
서로 감사 주지 못했던, 미소 다리
이젠 눈빛만 보아도 알 수 있는 추억
그대 미소 어느덧 여정 속 숨 쉬고 있다.
추억 만들어진 삶 속 잠시 후 출근해야 한다.
아직도 남은 삶 터전 속 그 자리에서
기다리는 버스 잠시 후 달리는 차 몸
맡기며 추억 장으로 달려 보았다.
참. 세월 빠르구나! 멈추지 않는
그 수많은 추억 속 달리는
차 수면 취해본다.

네 맘 알아

네 맘 알아
누가 알아줄까?
사랑하는 임 알아줄까?
때때로 그때 일 기억한다.
너의 모든 기도 다 들었다 하신 임
그분 은혜임 어찌 잊을 수 있겠는가?
오늘도 미소 때시는 그분
네 맘 다 알아!

코스모스

아름답게 치장한 너
아름다움 비행하는 잠자리
예쁜 꽃 날갯짓 멈춰 있구나!
세상 너무도 아름다움 치장되어
사람 마음 행복 주는구나!
변화한 문명 취해 안주하고 있는가?
임 자녀 신앙생활 가장 기본 아는가?
그대 향한 그분 음성 들리는가?
난, 어찌 된 사람인가?

꽃이 피었습니다

종소리 밤 씨앗
성령 향기 마음 뿌렸습니다.
세상 찾을 수 없는 아름다운 꽃
그분 때문에 꽃 피었습니다.
영원히 시들지 않는 꽃 피었습니다.
삶 꽃피우기 우린 달려갑니다.
땀 흘리며 인내하는 모습 속
임 찾아와 은혜 주셨습니다.
그대 마음속엔 어떤 꽃 자라고
있는지요. 임 주신 사랑
꽃 자라고 있는지요.
그 꽃 바로 당신임
그대 아는지요.

가을의 기도

마음교만 오면 남의 허물 보이는구나!
그분 사랑 노크하면 나의 허물 보이는구나!
탕자 아버지 마음 깨닫기까지 흘러간 세월
가을 낙엽 치장한 세월 얼마이었는가?
세월 얼마나 숨 조이며 기다리는가?
그 마음 어찌 피조물 알 수 있겠는가?
하늘 푸른 낙엽 아름답게 피어나는데,
이 네 마음 세상 머뭇거리고 있구나!
난, 얼마나 가져야 만족하며,
난, 얼마나 배워야 만족하겠는가?
세상 유혹 손길 그대 아는가?
임 오시는 길목 기다림
맞이하게 하소서!

들꽃에 맺혀있는 아침이슬처럼

보석처럼 피어나는 이슬
나뭇잎 사이로 떨어지는 방울
땅 인하여 숨 쉬는 듯하구나!
누군가가 나에게 가장 소중한 것
줄 수 있냐고 물으신다면 난, 어찌하겠는가?
맺혀진 이슬처럼 줄 수 있는가?
이 땅 육신 몸 입고 오신 예수그리스도
그분 마음 어찌 헤아릴 수 있겠는가?
날 살리시려고 오신 임의 사랑
당신 살리고자 오신 그분
그대 아는가?

나에게 날개가 있다면

날개 있다면
창공 날갯짓할 것입니다.
내 임 계신 높은 그곳 찾아
날갯짓할 것입니다. 보고 싶고 만나고
싶은 임 계신 그곳 겸손히 그분 앞
무릎 꿇겠습니다. 기쁨 눈물
회개 눈물 강물 되어
흐르는구나!

지우개

방긋 웃는 너
무엇 지울까?
생각 잠겨 봅니다.
밤하늘 별님 지울까?
낮 해님 지울까?
모두 긴장된 순간
흰 도화지 연필 자국
지우개 주인 된 듯합니다.
세상 지으신 임의 마음
당신 향한 기다림
그대 아는가?

소식을 전하고 싶다

삶 익어가는 가을 문턱
탐스러운 마당 한쪽 감 익어가는 계절
우리네! 마음 인격 익어가는 계절
마음 무엇 기다림 속 열매 맺혀있는가?
하늘 달, 세상 별도 익어가는 활기찬 아침
추석 맞이하여 기다리는 발걸음
대문 떡 삐딱이 문 춤추는 계절
우리네! 삶 무엇 기다리며 살아가는가?
마음 익어가는 영혼 안식처
임의 동행 체험하는 삶
그 복음 씨앗 되고 싶구나!
억 어가는 계절 그 소식
전화코자 펜 듭니다.

한 줄에 가을을

우리 함께 걸어온 길
그대와 함께 이룬 가정
바람 긴 낙엽 소리 향기 마음
노크할 무렵 언제 찾아온 노년 노크
함께 걸어온 백발 낙엽 소리
당신 함께한 소중한 시간 임의 향한
작은 낙엽 되어 날아가는 세월
가을 지나면 다시 찾아오는
그분 오심 발소리
낙엽 소리 귀
기울입니다.

사명(使命)

사명 길 향해 달려가네
무엇 그리 주저앉아 울고 있는가?
때론 사명 외면하며 살아왔던 세월
임이 주신 그 사명 감당하고 있는가?
주일 사명 감당하기 위한 발걸음
때론 힘든 일과 속 피곤함에 지쳐
그분 복음 말씀 영, 육 회복
되어 살아가고 있는가?
사명 자 믿음 아론 선배 걷던 길
사명 자 믿음 스데반 집사 순교 길
그대 갈 수 있는가?
사명 그분 주신 달란트 그대
그분 부르신 그날까지 사명
잘 겸손히 무릎 시간 되길
기도합니다.

눈물 자국

예쁜 얼굴 눈물 자국
당신과 결혼하고 나면 예쁜 얼굴 항상
웃음꽃 피게 해드리겠다고, 마음속 다짐 세월
빛 시작한 신혼생활 기억나는지요.
어느 날 초로 한 옷을 입고 시장 만난 당신
옛친구 보았다던 그때 일 기억나요.
6개월이 되면 원금, 이자 내고 나면
생활비 바듯하던 시절 기억나요.
당신 손잡고 교회 향하던 그 길
행복한 시간이었습니다. 어느 날 우연히
등 돌리고 어깨 눈물 자국 기억납니다.
그 모든 추억 앨범으로 다가오지만,
그때 믿음 생활 더욱 소중한 일
그 누가 알 수 있을까요. 눈물로 기도하며
임께 감사기도 했던 시간 어느새
두 자녀와 보금자리의 집 생기고 보니
그때 임의 크신 은혜가 아니고서야 가능했을까요.
여기 바보온달 당신은 아직도 평강공주랍니다.
당신 영원히 사랑합니다.

가을 한 잎

한 잎 흔들린다.
떨어지지 않으려는 잎
떨어트리려는 잎
나이가 조금씩 먹다 보니
속이려는 자! 속지 않으려는 자!
보이는 이유 무엇 때문일까?
세상 사람 속일 수 있을지 모르나!
그분 속일 수 없는 그대 아는가?
앞면만 보면 알 수 없듯
앞, 뒤면 보니 보이는구나!
거짓 둔갑한 세상 참, 신기하다.
거짓 사람 마음 달콤하게 하는데,
참, 어찌 사람 마음 둔하게 할까요.
저기 나뭇잎 걸터앉은 잎 보이세요.
언젠간 떨어지듯, 진실 밝혀지는데,
어찌! 세상 깨닫지 못하는가?

욕심을 잘 통제하며 살아야

하나 생기면 다른 것 갖고 싶다.
사람 마음 끝없는 것 같구나!
때론 욕심이 욕심을 패가망신하는
모습 보게 된다. 세상 공평한 것 같다.
자기가 노력한 그 이상 꿈꾸는 것 그림자
모습 보게 된다. 욕심 잘 통제할 수만 있다면
얼마나 좋을까? 그 일 정말 가능할까? 마음
통제하는 사랑 있다면, 가능함, 그대 아는가?

6부
함께 살아온 긴 여정

울어도 그치지 않는 눈물
얼마나 울어야 빗물
멈출 수 있는가?

그대의 가을은 왔건만

씨앗 추수 곡식
가을 왔건만 이곳저곳 빈 곡간
어디서 무엇 하고 있는가?
알곡, 쭉정이 가을 왔는데,
그대 어찌 보이지 않는가?
추수군. 마음 아는가?
알곡, 임종 되어 떨어진다면
그동안 수고 소용 있는가?
가라지, 쭉정이 왔건만
그대 알곡 자녀인가?
그대 쭉정이 자녀인가?
가을 왔건만,
우린 많은 곡식
거두었는가?

비가 내리는 날엔

빗물 속
비속 걸어가는 모습
한 치 앞 내다볼 수 없는 길
빗물 발자국 보이지 않는 그 길
울부짖는 마음 보게 된다.
영혼 갈급한 무릎 꿇는 빗물
울어도 그치지 않는 눈물
얼마나 울어야 빗물
멈출 수 있는가?

커피와 가을

커피 조화
커피 향 호호 가을 춤춘다.
커피 말동무 입가 미소
커피 가을 아름다운 색깔
커피와 가을 향기

밤새 비 내리고

빗물 잡을 수 없고
울리는 마음 잡을 수 없구나!
눈물 솟구침 어찌하려나
임 빗속 서성이는데
마음 문 닫고 있는가?
밤새 내린 빗물
잠잠하구나!

마음의 보석 같은 곳

마음속 보석
보석 향기 난다.
웃음 향기 가득 찬 곳
저녁노을 반딧불 날아다니듯
그런데, 정말 신기하다.
마음속 웃음 사라지니
향기 시들어 가는구나!
춤추던 반딧불 사라지니
정말 마음속 보석
신기하다.

그대 이젠 비처럼 울지 말아요

가슴 눈물 보았는가?
가슴 눈물 흘러보았는가?
가슴 너무 아프면 나지 않는다네!
그대 걸어온 발걸음 젖어 있는가?
울먹이는 눈물 자국 보았는가?
혹시, 세상 원망하고 있는가?
그대 자신 원망하는가?
그 끝 눈물이라네!

노을 진 서쪽 하늘

노을 진 서쪽 하늘
가을 추수 벼 익은 미소
추수할 일군 보이지 않는구나!
임 보고 싶어 하늘 우러러보니
임 보이지 않는구나!
우린 세상 다스리는 사람인가?
그대 세상 섬기는 사람인가?
노을 진 서쪽 지고 나면
임 오시길 소망하는
마음 아는가?

빗방울

울려 퍼지는 소리
마음 판 떨어지는 울림
세상 취해 소리 듣지 못하는가?
빗방울 움츠린 울부짖는 소리
그대 죽어가는 영혼 외면하려 하나
세상 빗방울 길게 느껴지는데
그대 향한 그분 마음 사랑
부드러운 빗방울 음성
듣고 있는가?

책갈피 속에 숨은 그리움

임 찾아 떠나는 길
그가 남기고 떠난 그 길
한장 한장 넘기는 숨 가쁜 여정
책갈피 속 웃고 계시는구나
임 보고 싶어 책 두드려도
임 아무런 반응 없구나
책 속 미래 보물
떠나는 길

임이여

임이여!
이슬처럼 찾아온 임
수많은 인연 속 찾아온 임
낙엽 가려 찾지 못했는가?
앙상한 가지 숲 찾아온 임
임 보고 싶어 찾아온 길
많은 발길 그림자 거닐던 곳
세월 흐름 속 스쳤던 나날
그 길 속 찾아 만난 임
임이여!

감춰진 보석

감춰진 보석
헤매던 가로등 길
밤새도록 기도 손 그 자리
마음 눈물 간절한 소망 그곳
이 세상 가장 소중한 만나는 날
세상 무엇 부러운 것 없었던 나날
그녀, 함께 살아온 긴 여정 세월
왜! 그리도 바쁘게 살아온 시절
난, 보석 때문에 행복했습니다.
감춰진 보석 찾아 떠난 그 길
그곳은 반짝였습니다.
임 앞무릎 꿇습니다.

안개등

안개등
깜박깜박하는 너
생각 안개등 되었나
언제나 길 밝기는 가로등
오늘따라 갸우뚱하는 너
세월 흘러간 그 자리 벤치
모두 잠든 이 시간
안개등 깜박인다.

아버지의 뒷모습

뒷모습
일터 향한 뒷모습
늘 표현 하지 않으시던 모습
항상 일찍 출근하시던 모습
그때 모습 생각납니다.
세월이 흘러 가정 꾸리고 보니
그때 모습 생각났습니다.
오늘따라 당신 그립습니다.
임이 계신 그곳에 계신 아버지!
언젠간 뵐 날 손꼽아 봅니다.
아버지 뒷모습!

서녘 노을

해 질 무렵 너
아름다움 노을 향기
붉게 물든 사계절 노을
임의 아름다운 자연 향기
석양 바라보며 내 임 그려본다.
속삭이듯 석양 온 동네 물들고
산새 노랫소리 내 마을 사로잡는다.
내 임 지금 무엇 하고 계실까?
저 아름다운 풍경 담아 임께
보내고 싶다.

값진 인생

인생 향수
걸어온 길 뿌린다.
기쁨, 향수 거닐던 곳
앞만 보고 걸어왔던 길목
그곳 소망 향수 뿌린다.
긴 여정 속 삶 걸음 왠지
뒤돌아보니! 항상 동행 해준
임이 계셨기에 내겐 값진 길
이제야 고백하는 그 길!
그대 오늘 누구 함께 길
걸어 왔는가?

꽃향기

창문 넘어 개나리 만개
꽃향기 어여쁜 여인 아름다운 자태
뱃사공 보이지 않고 꽃향기
배 멈춰 있구나!

새해에는

임 바라보는 삶 되길 소망합니다.
임 더욱 사랑하는 해가 되길 소망합니다.
나는 죽고 임 사는 삶 되길 소망합니다.
온 국민 그분 바라보는 해가 되길 소망합니다.
임 원하시는 뜻 순종하는 삶 되길 소망합니다.
새해에는 자다가 임 뵐 길 소망합니다.

사랑과 이별

옷 꽃 핀다.
한 죽 먹 사랑 꽃피고
아름다움 치장한 너
꽃, 바람 함께 진다.
세상사랑 눈멀게 하고
때론 이별주고, 떠난다.
육 한 죽 먹 흙 이별 날
영. 임 앞 조아린다.
세상 이별 그날
난, 임 앞에 선다.

널 기억해

절망 노크 때 하늘 보세요.
세상 원망스러울 때 하늘 보세요.
모든 것 끝났다고 생각될 때 보세요.
세상, 단절되었다고 생각될 때 보세요.
언제나 마음 노크 그분 기억한다는 것
음성 잊지 마십시오.

이 또한 기쁘지 않은가

저녁노을 앞
흐르는 강줄기 너
어디로 왔다. 어디 가는가?
세월 흘러가듯 너도 흐르는구나!
멈출 수 없는 흐름 정말 빠르구나!
세상 울음 왔다가, 웃음으로 가는 인생
이 또한 기쁘지 아니한가?
이 땅 기쁨, 슬픔 흐르듯 인생 흐른다.
다시 돌아올 수 없는 그 먼 세월 강
인생 강 앞이 또한 흐른다.
내가야 할 저 본향!